Impressum
Verlag: BABADADA GmbH, Nedderfeld 112 , 22529 Hamburg
Geschäftsführer / Verlagsleitung: Harald Hof
Druck: Books on Demand GmbH, In de Tarpen 42, 22848 Norderstedt

Imprint
Publisher: BABADADA GmbH, Nedderfeld 112 , 22529 Hamburg, Germany
Managing Director / Publishing direction: Harald Hof
Print: Books on Demand GmbH, In de Tarpen 42, 22848 Norderstedt

ikigo c' amashure

koulu

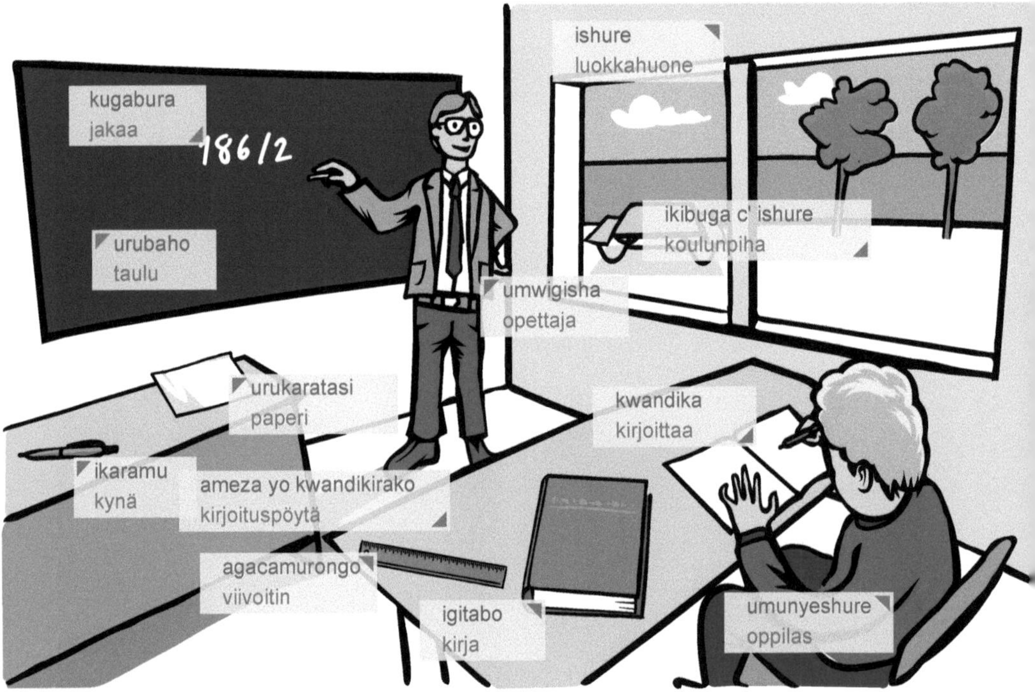

ishure
luokkahuone
kugabura
jakaa
186/2
urubaho
taulu
ikibuga c' ishure
koulunpiha
umwigisha
opettaja
urukaratasi
paperi
kwandika
kirjoittaa
ikaramu
kynä
ameza yo kwandikirako
kirjoituspöytä
agacamurongo
viivoitin
igitabo
kirja
umunyeshure
oppilas

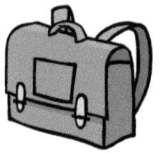

isakoshi y'' ishure

reppu

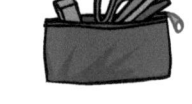

agasaho k' amakaramu

penaali

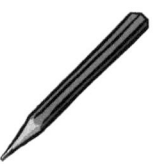

ikaramu y igiti

lyijykynä

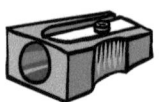

agasongozo k ikaramu y igiti

kynänteroitin

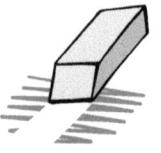

igome

pyyhekumi

ikaye yo gucapamwo

piirustuslehtiö

igicapo
piirustus

ikaramu bacapisha irangi
pensseli

agasandugu kamabara
vesivärit

imikasi
sakset

kore
liima

ikaye y' imyimenyerezo
harjoituskirja

imyimenyerezo yo muhira
kotitehtävä

igiharuro
luku

2+2

guteranya
lisätä

gukuramwo
vähentää

kugwiza
kertoa

guharura
laskea

urudome
kirjain

indome
aakkoset

ijambo
sana

igisomwa

teksti

gusoma

lukea

ingwa

liitu

icigwa

oppitunti

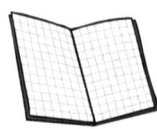

igitabo c' ishure

opettajan muistikirja

ikibazo

koe

impamyabushobozi

todistus

impuzu y' ishure

koulupuku

kwiga

koulutus

kazinduzi

sanakirja

kaminuza

yliopisto

mikorosikopi

mikroskooppi

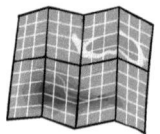

ikarata

kartta

agaseke bajugunyamo
amakaratasi

roskakori

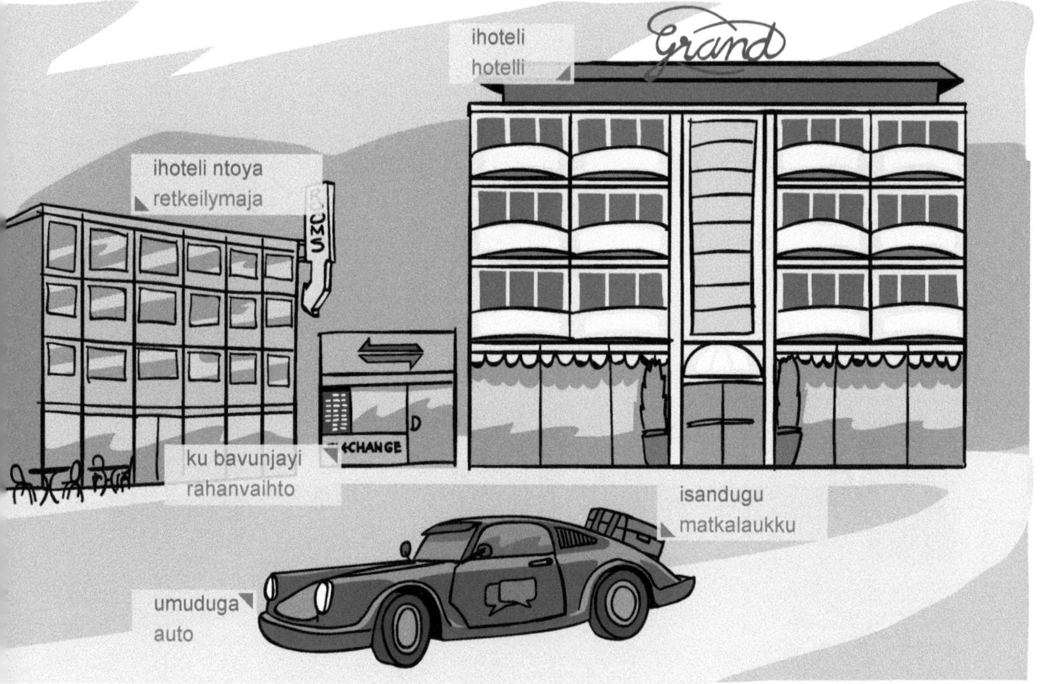

ihoteli
hotelli
Grand
ihoteli ntoya
retkeilymaja
ROOMS
ku bavunjayi
rahanvaihto
CHANGE
isandugu
matkalaukku
umuduga
auto

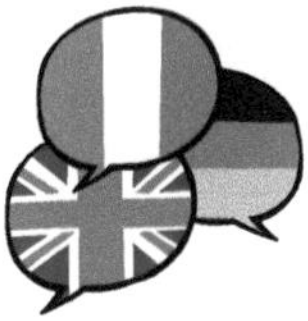

ururimi

kieli

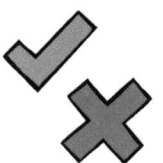

ego / oya

kyllä / ei

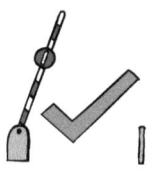

ego

selvä

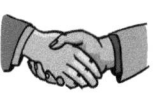

amahoro!

hei

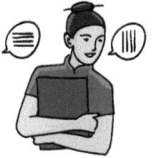

umuntu asigura

tulkki

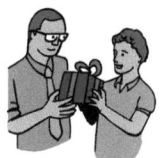

ndashimye

kiitos

ni angahe?

Paljonko...maksaa?

sindabitahura

en ymmärrä

ingorane

ongelma

mwiriwe!

Hyvää iltaa!

mwaramutse

Hyvää huomenta!

ijoro ryiza!

Hyvää yötä!

nakagaruka

näkemiin

inzira

suunta

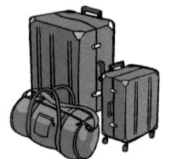

imizigo

matkatavarat

igapo

laukku

isaho baheka mu mugongo

reppu

umushitsi

vieras

icumba

huone

umufuko wo kuraramo mu rugendo

makuupussi

ihema

teltta

kumenyesha ingenzi

turisti-info

ku musenyi

ranta

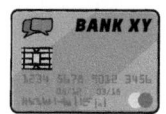

ikarata y' amahera

luottokortti

ifunguro rya mugatondo

aamupala

ifunguro ryo ku murango

lounas

ifunguro ry 'ijoro

päivällinen

itike

matkalippu

ingazi y' umuyagankuba

hissi

umukono

postimerkki

umupaka

raja

duwane

tulli

ubuserukizi bw' igihugu

suurlähetystö

viza

viisumi

pasiporo

passi

gutwara abantu n' ibintu

kuljetus

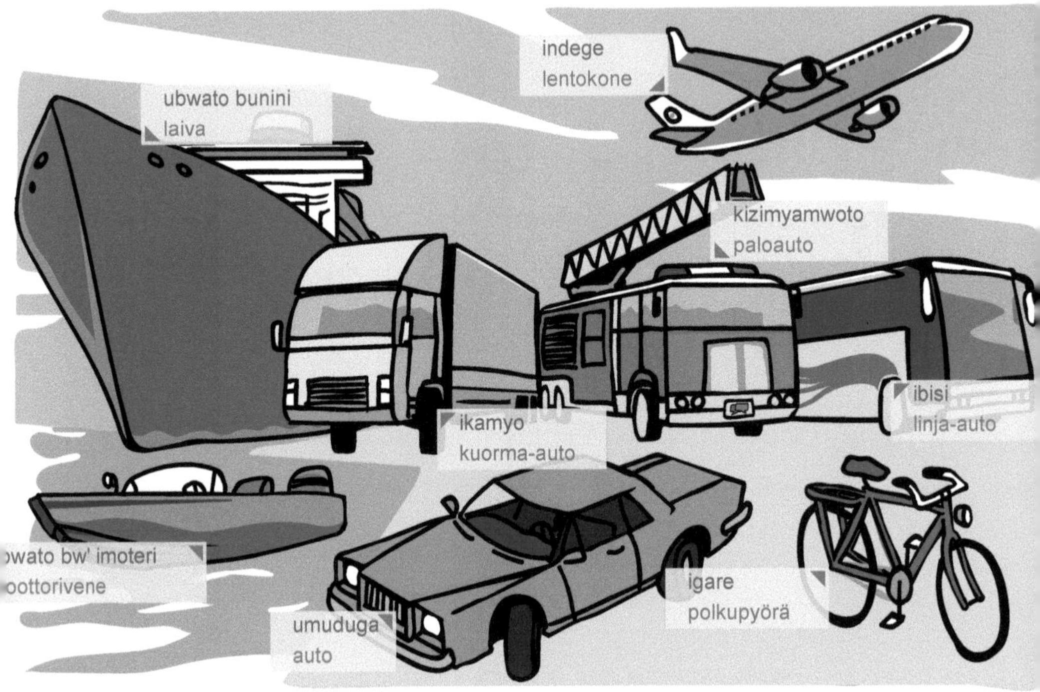

indege
lentokone
ubwato bunini
laiva
kizimyamwoto
paloauto
ibisi
linja-auto
ikamyo
kuorma-auto
wato bw' imoteri
oottorivene
igare
polkupyörä
umuduga
auto

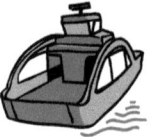

ubwato bunini

lautta

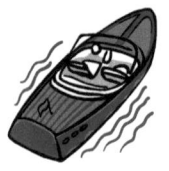

ubwato

vene

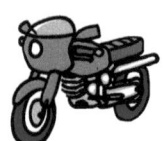

ipikipiki

moottoripyörä

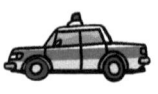

umuduga w' igipolisi

poliisiauto

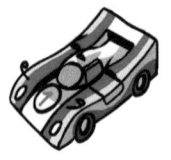

umuduga wa kuruse

kilpa-auto

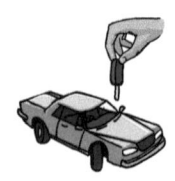

umuduga bakodesha

vuokra-auto

gukoresha imodoka imwe
muri benshi
....
car sharing

uruduga ruheka izindi
....
hinausauto

umuduga utwara umucafu
....
roska-auto

imoteri
....
moottori

igitoro
....
polttoaine

ubunywero bw'ibitoro
....
huoltoasema

ibirango vyo ku mabarabara
....
liikennemerkki

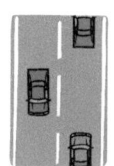

uruja n' uruza
....
liikenne

akajagari k' imiduga mw'
ibarabara
....
ruuhka

igituro c' imiduga
....
parkkipaikka

igituro ca gari ya moshi
....
rautatieasema

ibarabara rya gari ya moshi
....
raiteet

gari ya moshi
....
juna

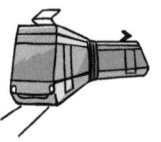

gari ya moshi bita tram
....
raitiovaunu

igipande ca gari ya moshi
....
vaunu

kajugujugu

helikopteri

ikibuga c' indege

lentokenttä

umunara

lähilennonjohto

ingenzi

matkustaja

konteneri

kontti

ikarato

pahvilaatikko

isharete

kärryt

icibo

kori

kuguruka / kugwa

nousta / laskea

igisagara

kaupunki

umutumba

kylä

hagati mu gisagara

keskusta

inzu

talo

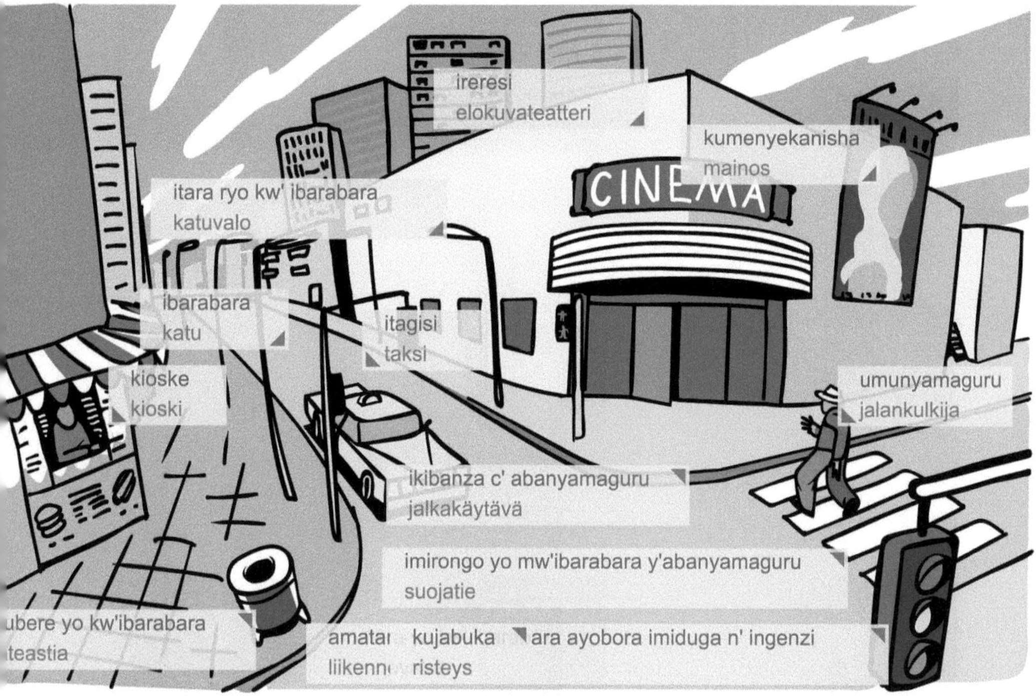

ireresi
elokuvateatteri

kumenyekanisha
mainos

itara ryo kw' ibarabara
katuvalo

ibarabara
katu

itagisi
taksi

kioske
kioski

umunyamaguru
jalankulkija

ikibanza c' abanyamaguru
jalkakäytävä

imirongo yo mw'ibarabara y'abanyamaguru
suojatie

ubere yo kw'ibarabara
teastia

amatar kujabuka ara ayobora imiduga n' ingenzi
liikenne risteys

CINEMA

akazu k' ikirundi
....
mökki

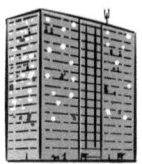

aparitema
....
kerrostalo

igituro ca gari ya moshi
....
rautatieasema

meri
....
kaupungintalo

iratiro ry' ivyakera
....
museo

ikigo c' amashure
....
koulu

kaminuza

yliopisto

ibanki

pankki

ibitaro

sairaala

ihoteli

hotelli

farumasi

apteekki

ibiro

toimisto

aho badandaza ibitabo

kirjakauppa

akaduka

liike

umudandaza w'amashugwe

kukkakauppa

supermarshe

supermarketti

isoko

tori

iduka

tavaratalo

umudandaza w' amafi

kalakauppias

ihuriro ry'amaduka

ostoskeskus

ikivuko

satama

ikibanza batemberamwo

puisto

intebe ndende

penkki

ikiraro

silta

ingazi

portaat

gari ya moshi bita métro

metro

ibarara ry' indani y' isi

tunneli

igituro c' amabisi

linja-autopysäkki

ubunywero

baari

resitora

ravintola

ahaja amakete

postilaatikko

ikirango co kw' ibarabara

katukyltti

isaha yo ku gituro c' imiduga

parkkimittari

iratiro ry' ibikoko

eläintarha

pisine

uimala

umusigiti

moskeija

ubwororero
maatila

konona ibidukikije
ympäristön saastuminen

akaburi
hautausmaa

kw'isengero
kirkko

ikibuga
leikkikenttä

inyubako za kera bita
temple
temppeli

imisozi

maisema

ikibabi
lehti

ivyapa
tienviitta

inzira
tie

ubwatsi bita gazon
niitty

ibuye
kivi

igiti
puu

umuntu atembera kure n' amaguru
retkeilijä

uruzi
joki

ubwatsi
ruoho

ishugwe
kukka

ikiyaya

laakso

umusozi

vuori

ikiyaga

järvi

ishamba

metsä

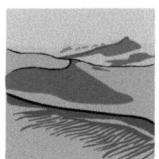

ubugaragwa

aavikko

ikirunga

tulivuori

ishato

linna

umunywamazi

sateenkaari

ikizinu

sieni

ikigazi

palmu

umubu

hyttynen

isazi

kärpänen

urutozi

muurahainen

uruyuki

mehiläinen

igitangurigwa

hämähäkki

agakoko gato bita
coléoptère
kovakuoriainen

igikere
sammakko

agakoko bita écureuil
orava

ikinyogote
siili

urukwavu
jänis

igihuna
pöllö

inyoni
lintu

imbata
joutsen

ingurube y' ishamba
villisika

idubu
peura

igikoko bita élan
hirvi

urugomero
pato

icuma gitanga
umuyagankuba
tuulimylly

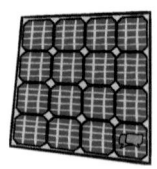

ikimuri c' imishwarara
aurinkopaneeli

igihe
ilmasto

resitora
ravintola

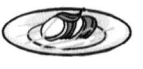

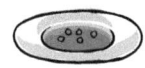

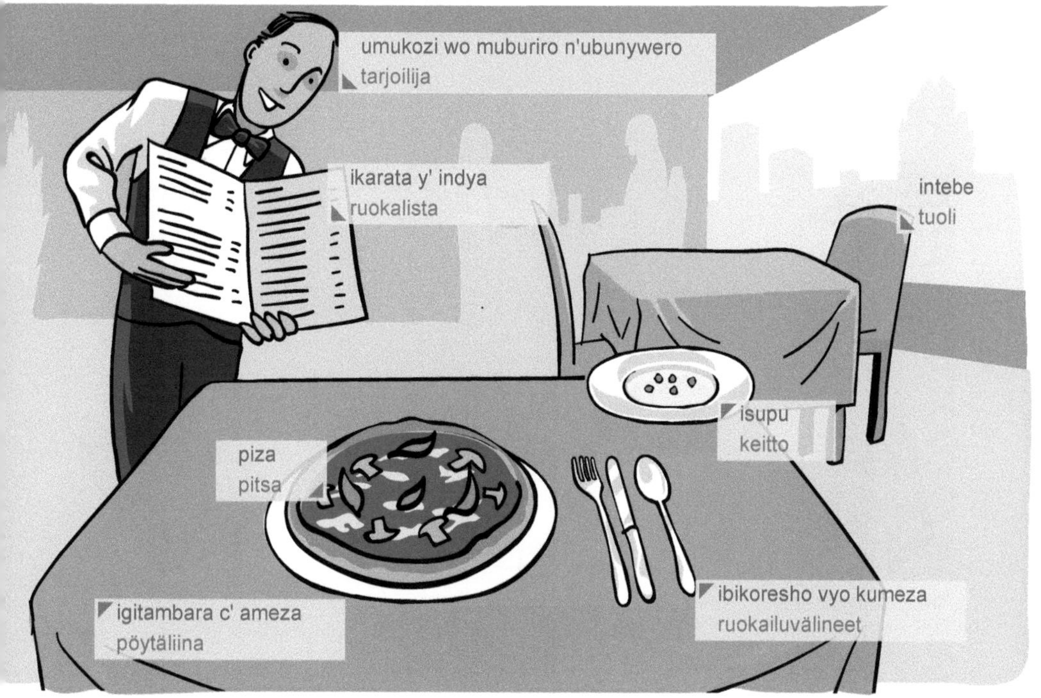
umukozi wo muburiro n'ubunywero
tarjoilija
ikarata y' indya
ruokalista
intebe
tuoli
isupu
keitto
piza
pitsa
igitambara c' ameza
pöytäliina
ibikoresho vyo kumeza
ruokailuvälineet

indya y' ibanze

alkuruoka

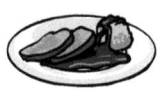

indya nkuru

pääruoka

deseri

jälkiruoka

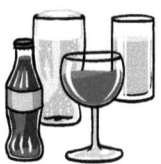

inyobwa

juomat

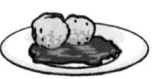

infungugwa

ruoka

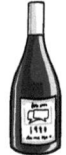

icupa

pullo

infungugwa batekanye ingoga

katuruoka

pikaruoka

Infungugwa barya bagenda

katuruoka

ibirika y' icayi

teekannu

agakopo k' isukari

sokeriastia

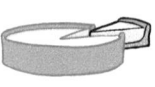

igipande c' indya

annos

imachini ikora espresso

espressokeitin

intebe ndende

syöttötuoli

inyemazabuguzi

lasku

ako batwarako infungugwa

tarjotin

imbugita yo kumeza

veitsi

ikanya

haarukka

ikiyiko

lusikka

akayiko k' icayi

teelusikka

seriviyeti

servietti

ikirahuri

lasi

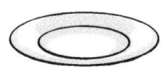

isahani

lautanen

isahani y' isupu

syvä lautanen

isutasi

aluslautanen

isosi

kastike

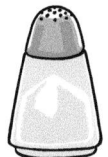

akanyanyagiza umunyu ku ndya

suolasirotin

agasya ipiripiri

pippurimylly

vinaigre

etikka

amavuta

öljy

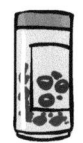

indyoshandya

mausteet

kecapu

ketsuppi

mutaride

sinappi

mayoneze

majoneesi

supermarshe
supermarketti

ivyagabanyijwe igiciro
tarjous
umuguzi
asiakas
FOR
ibiva ku mata
maitotuotteet
icamwa
hedelmät
agakinga ko mw' iduka
ostoskärryt

BUTCHERS

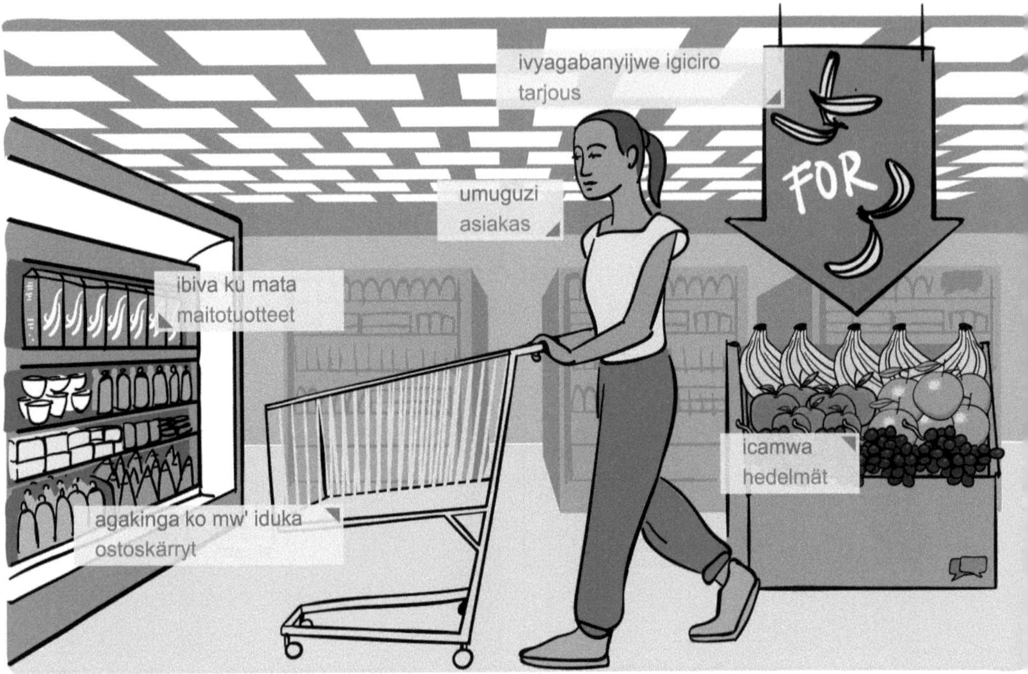

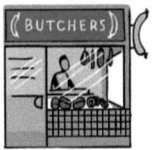

amacuniro

teurastamo

BAKERY

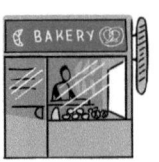

iburangeri

leipomo

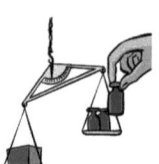

gupima

punnita

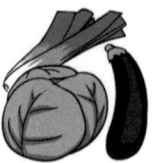

imboga

kasvikset

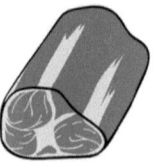

inyama

liha

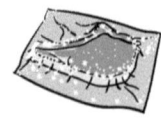

Imfungurwa zikanye cane

pakasteet

infungugwa bita charcuterie
en tranches
leikkele

amafunguro yo mu
mabwate
säilykkeet

isabune yo kumesura
pesujauhe

ibisosa
makeiset

ibikoresho vyo muhira
kotitaloustarvikkeet

ibikoresho vy'isuku
puhdistusaineet

umudandaza
myyjä

kese
kassa

umuntu yakira amahera
kassanhoitaja

urutonde rw' ibidandazwa
ostoslista

amasaha yo kugurura
aukioloajat

ingodomoni
lompakko

ikarata y' amahera
luottokortti

isakoshe
kassi

ishakoshe ya parastike
muovipussi

amazi

vesi

umutobe

mehu

amata

maito

koka

kokis

umuvinyo

viini

ikiyeri

olut

inzoga

alkoholi

kakao

kaakao

icayi

tee

ikawa

kahvi

ikawa yitwa espresso

espresso

ikawa yitwa kapucino

cappuccino

umuhwi

banaani

ipome

omena

umucungwe

appelsiini

icamwa bita melon

meloni

indimu

sitruuna

ikaroti

porkkana

igitungurusumu

valkosipuli

umugano

bambu

igitunguru

sipuli

ikizinu

sieni

ibiyoba

pähkinät

amakaroni

spagetti

spagetti

spagetti

umuceri

riisi

isarade

salaatti

ifiriti

ranskalaiset

ifiriti

paistetut perunat

piza

pitsa

hamburugere

hampurilainen

sandwich

voileipä

infungugwa bita escalope

leike

jambo

kinkku

salami

salami

isosiso

makkara

inyama y' inkoko

kana

umusoso

paisti

ifi

kala

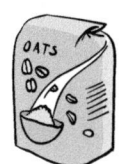

infungugwa bita flocons d'
avoine
....
kaurahiutaleet

imfungugwa bita müsli
....
mysli

infungugwa bita corn -
flakes
....
murot

ifarini
....
jauho

umukate bita croissant
....
voisarvi

umukate muto
....
sämpylä

umukate
....
leipä

umukate bashusha
....
paahtoleipä

ibisuguti
....
keksit

amavuta
....
voi

iforomaji yera
....
rahka

igato
....
kakku

irigi
....
kananmuna

amafunguro bita oeuf au
plat
....
paistettu kananmuna

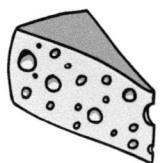

iformaji
....
juusto

infungugwa bita crème glacée

jäätelö

isukari

sokeri

ubuki

hunaja

ikonfitire

hillo

imfungugwa bita praliné

suklaapähkinälevite

infungugwa bita curry

curry

ubwororero
maatila

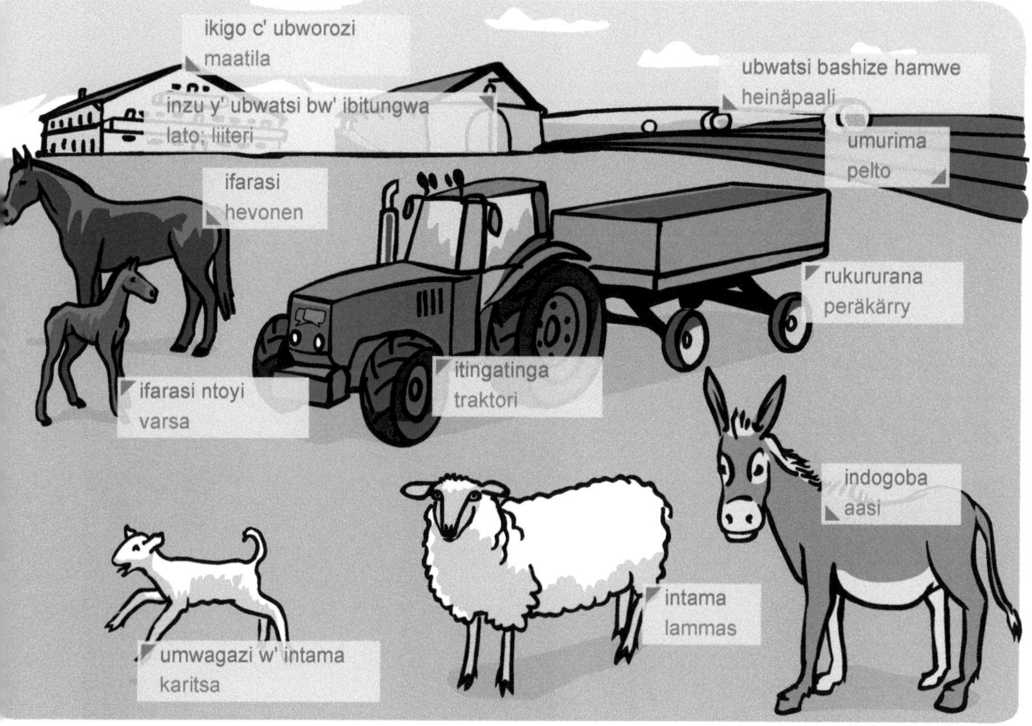

ikigo c' ubworozi
maatila
inzu y' ubwatsi bw' ibitungwa
lato; liiteri
ubwatsi bashize hamwe
heinäpaali
umurima
pelto
ifarasi
hevonen
rukururana
peräkärry
ifarasi ntoyi
varsa
itingatinga
traktori
indogoba
aasi
intama
lammas
umwagazi w' intama
karitsa

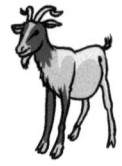

impene

vuohi

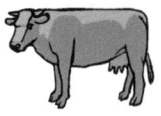

inka

lehmä

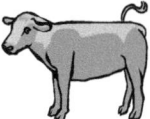

inyana

vasikka

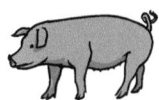

ingurube

sika

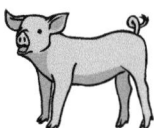

ikibuguru

porsas

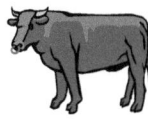

impfizi

sonni

inyoni yitwa oie

hanhi

imbata

ankka

umuswi

tipu

inkokokazi

kana

isake

kukko

imbeba nini

rotta

akayabu

kissa

imbeba

hiiri

ishuri

härkä

imbwa

koira

umusaka w'imbwa

koirankoppi

umuringoti wo kuvomerera
umurima

puutarhaletku

ico bakoresha basukira
amashurwe

kastelukannu

urukero

viikate

majagu

aura

umuhoro
sirppi

isuka
kuokka

ikinyanyagiza ibitabizo irya n'ino
talikko

ishoka
kirves

inkorofani
kottikärryt

ubwato
kaukalo

icansi
maitokannu

umufuko
säkki

urugo
aita

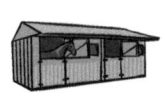

indaro y' ibitungwa
talli

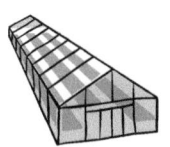

utuzu bashusha kugirango ibimera birimwo bikure
kasvihuone

isi
maa

imbuto
siemen

ifumbire
lannoite

imashini yimbura
leikkuupuimuri

kwimbura

kerätä sato

umwimbu

sato

infungugwa bita igname

jamssit

ingano

vehnä

isoya

soija

ikiraya

peruna

ikigori

maissi

ubwoko bw' ingano bita colza

rypsi

igiti c' ivyamwa

hedelmäpuu

imyumbati

maniokki

ibinyantete

vilja

inzu
talo

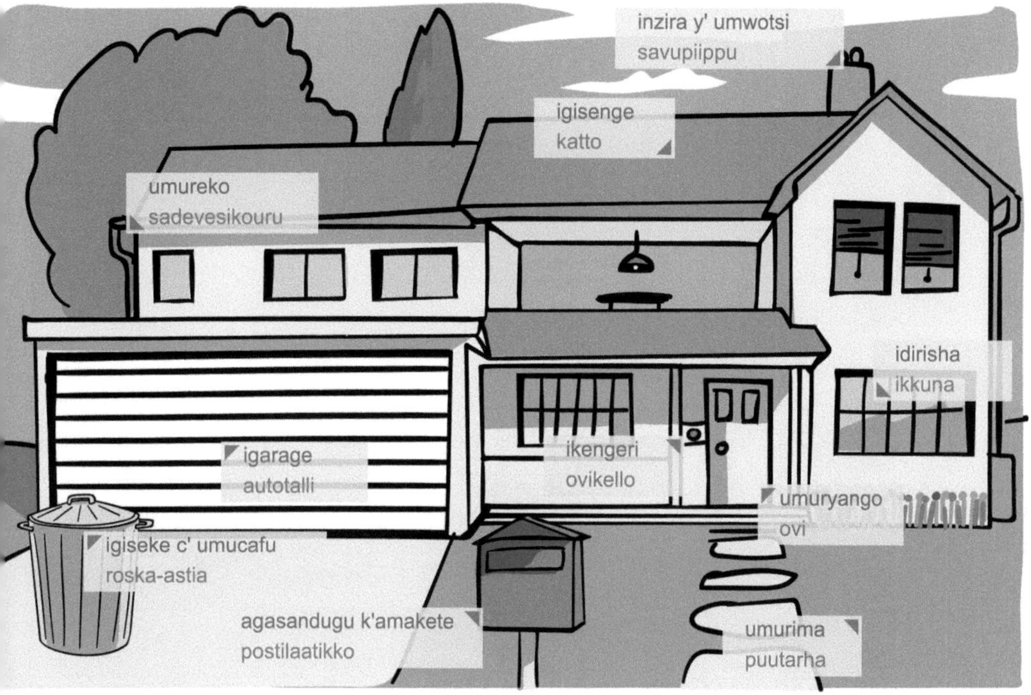
inzira y' umwotsi
savupiippu
igisenge
katto
umureko
sadevesikouru
idirisha
ikkuna
igarage
autotalli
ikengeri
ovikello
umuryango
ovi
igiseke c' umucafu
roska-astia
agasandugu k'amakete
postilaatikko
umurima
puutarha

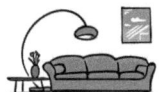

isaro

olohuone

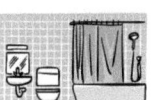

ubwogero

kylpyhuone

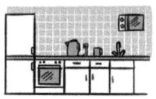

igikoni

keittiö

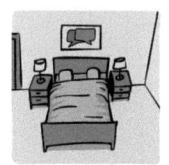

icumba co kuraramo

makuuhuone

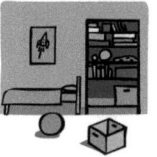

icumba c' umwana

lastenhuone

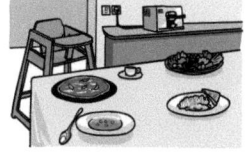

uburiro

ruokahuone

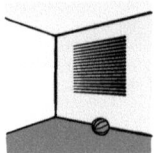

hasi

lattia

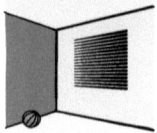

uruhome

seinä

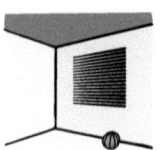

igisenge c' inzu

katto

kave

kellari

sauna

sauna

ibaraza

parveke

ibaraza

terassi

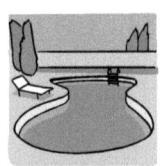

aho bogera

uima-allas

itondezi

ruohonleikkuri

igikaratasi

lakana

uburengeti

päiväpeitto

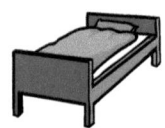

uburiri

sänky

umweyerezo

harja

indobo

ämpäri

akabuto

katkaisin

isaro
olohuone

igisharizo
tapetti
isanamu
kuva
itara
lamppu
akabati
hylly
akabati
kaappi
imboneshakure
televisio
igicaniro
takka
ishugwe
kukka
umusagamiro
tyyny
ifoteyi
sohva
ivaze
maljakko
terekomande
kaukosäädin

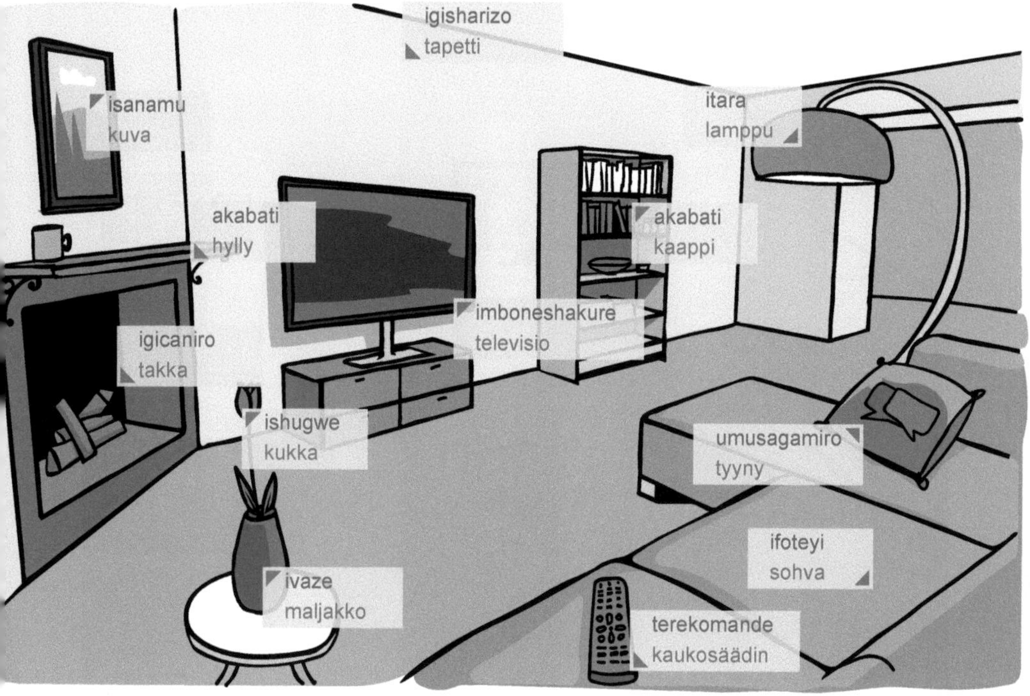

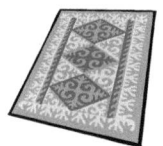

itapi
matto

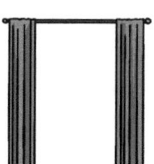

irido
verho

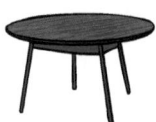

ameza
pöytä

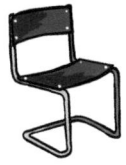

intebe
tuoli

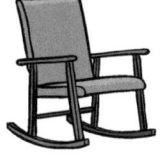

intebe icundera
keinutuoli

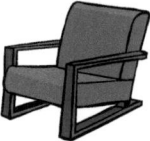

ifoteyi
nojatuoli

igitabo

kirja

ikirengeti

peitto

ibitako

koriste

inkwi

polttopuut

ireresi

elokuva

ivyuma vy' umuziki

stereot

urufunguruzo

avain

ikinyamakuru

sanomalehti

gusiga amarangi

maalaus

isanamu nini

juliste

insamirizi

radio

ikaye ndangaminsi

muistivihko

asipirateri

pölynimuri

icimera bita cactus

kaktus

ibuji

kynttilä

igikoni
keittiö

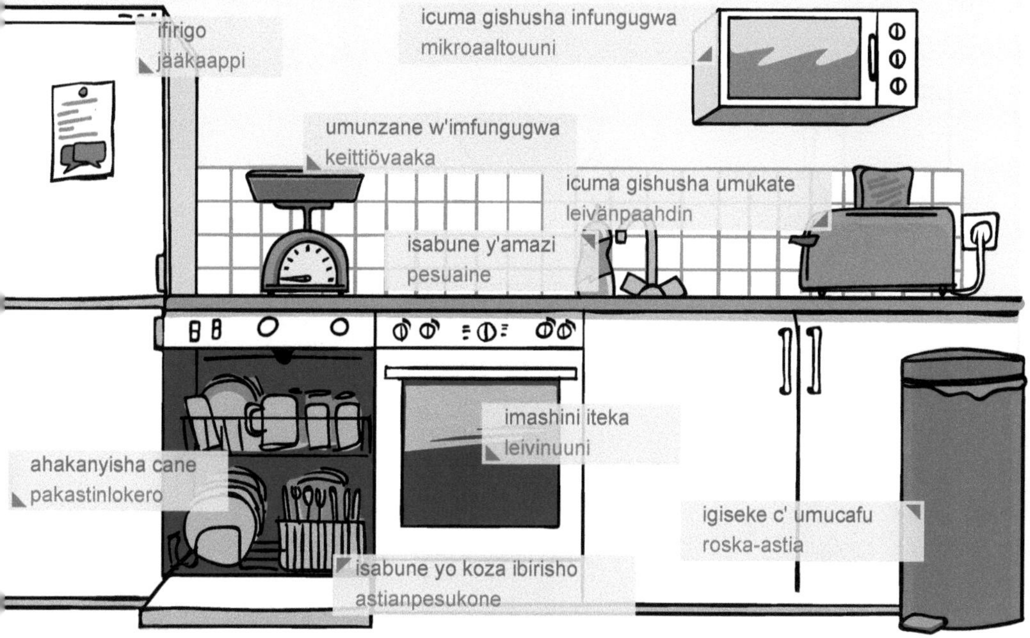

ifirigo
jääkaappi
icuma gishusha infungugwa
mikroaaltouuni
umunzane w'imfungugwa
keittiövaaka
icuma gishusha umukate
leivänpaahdin
isabune y'amazi
pesuaine
imashini iteka
leivinuuni
ahakanyisha cane
pakastinlokero
igiseke c' umucafu
roska-astia
isabune yo koza ibirisho
astianpesukone

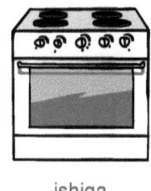

ishiga

liesi

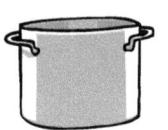

isafuriya

kattila

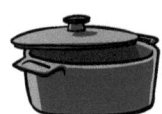

isafuriya y' icuma

rautapata

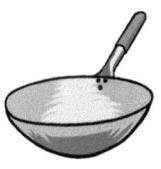

ipanu bita wok

vokkipannu / kadai-pannu

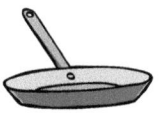

ipanu

paistinpannu

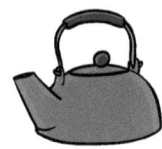

akuma gashusha amazi

teepannu

isafuriya itekesha umuhisha

höyrykeitin

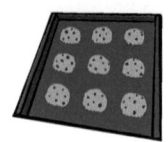

ico bakorerako imikate

uunipelti

ibirisho

astiat

igikombe

muki

ibakure

kulho

uduti two kurisha

syömäpuikot

icaruzo c' isupu

kauha

ikimamiro

paistinlasta

agakubitisho

vispilä

imashini isya ibifungurwa

siivilä

akayunguruzo

siivilä

agakatakata imfungugwa

raastin

agasekuro

mortteli

icokerezo

grilli

urucaniro

avotuli

urubaho rwo gukatirako

leikkuulauta

akabaho bakoresha spageti

kaulin

urupfunguzo rw'umuvinyu

korkinavaaja

agasandugu

purkki

urupfunguzo
rw'agasandugu

purkinavaaja

ivyo gufatisha isafuriya
ishushe

pannulappu

icogerezo

lavuaari

uburoso

tiskiharja

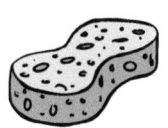

ivyogesho

pesusieni

imigiseri

tehosekoitin

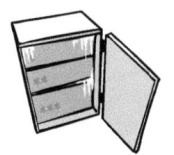

frigo nini ikanyisha cane

pakastin

bibero

tuttipullo

ivomo

vesihana

ubwogero
kylpyhuone

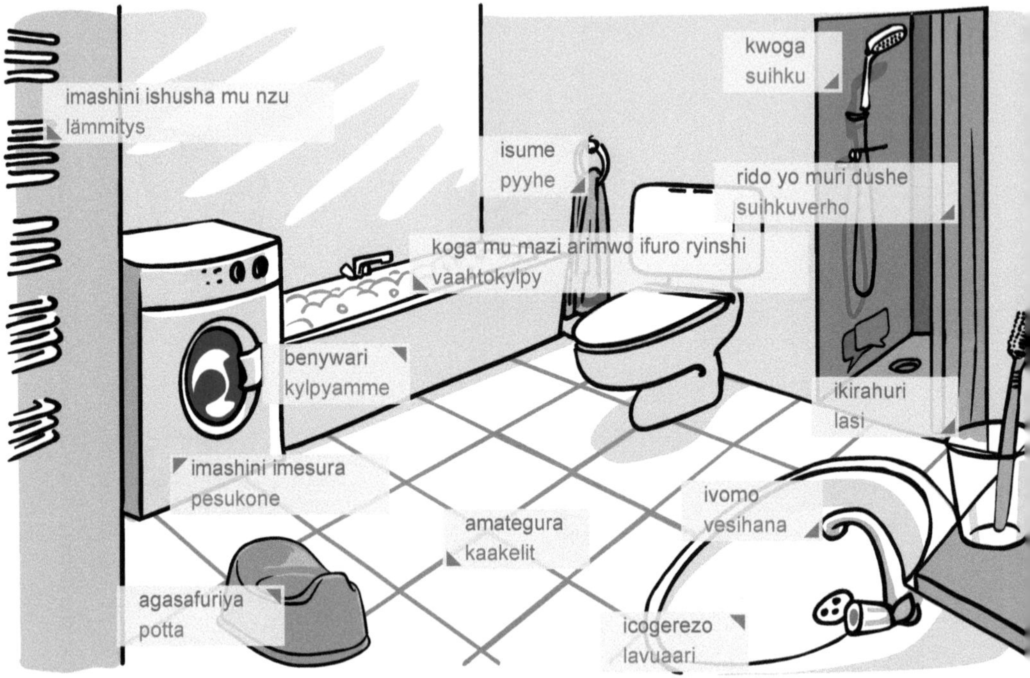

imashini ishusha mu nzu
lämmitys
isume
pyyhe
kwoga
suihku
rido yo muri dushe
suihkuverho
koga mu mazi arimwo ifuro ryinshi
vaahtokylpy
benywari
kylpyamme
ikirahuri
lasi
imashini imesura
pesukone
ivomo
vesihana
amategura
kaakelit
agasafuriya
potta
icogerezo
lavuaari

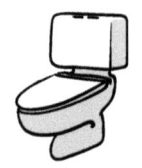

Akazu ka surwumwe

vessa

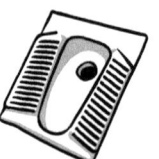

akazu ka surwumwe k'ikirundi

kyykkyvessa

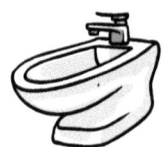

akantu gatoya bogeraho

bidee

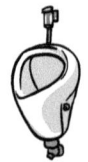

aho basoba

pisuaari

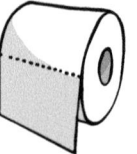

ibikaratase vyo kwi sukuza mu nzu ya surwumwe

vessapaperi

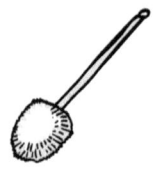

uburoso bwoza akazu ka surwumwe

vessaharja

umujigiti

hammasharja

umuti wo koza amenyo

hammastahna

utugozi two gusukura amenyo

hammaslanka

koza

pestä

ikinyuko

käsisuihku

ubwoko bwa dushe

intiimisuihku

ico bakarabiramo intoki

pesuvati

uburoso busukura mu mugongo

selkäharja

isabune

saippua

isabuni yo kwoga

suihkugeeli

shampo

shampoo

agatambara ko kwisukura

pesulappu

umuringoti

viemäri

amavuta yo kwisiga

voide

iparufe yo mu kwaha

deodorantti

icirore

peili

icirore

käsipeili

imashini imwa ubwanwa

partaveitsi

ifuro ryo kumwa ubwanwa

partavaahto

umuti basiga aho bamoye

partavesi

igisokozo

kampa

uburoso

harja

akuma kumutsa umushatsi

hiustenkuivaaja

amavuta bapuriza mu
mushatsi

hiuslakka

ibikoresho vyo kwipodora

meikki

amavuta afise ibara yo
k'umunywa

huulipuna

verni y'inzara

kynsilakka

ipampa

pumpuli

umukasi uca inzara

kynsisakset

iparufe

hajuvesi

agasaho k' ivyo kwisukura
ku rugendo
....
kosmetiikkalaukku

agatebe
....
jakkara

umunzane
....
vaaka

penywari
....
kylpytakki

udufuko tw' intoke iyo
bakora isuku
....
kumihansikkaat

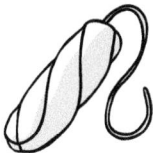

kotegisi
....
tamponi

kotegisi
....
terveysside

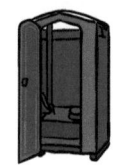

ubwoko bw'akazu ka
surwumwe
....
kemiallinen wc

icumba c' umwana

lastenhuone

isaha ivyura
herätyskello
agakoko k' agapupe
pehmolelu
ikijuwe c' umuduga
leikkiauto
ikijuwe c' ibibondo bita hochet
helistin
inzu badandaza amapupe
nukkekoti
akaganuke
lahja

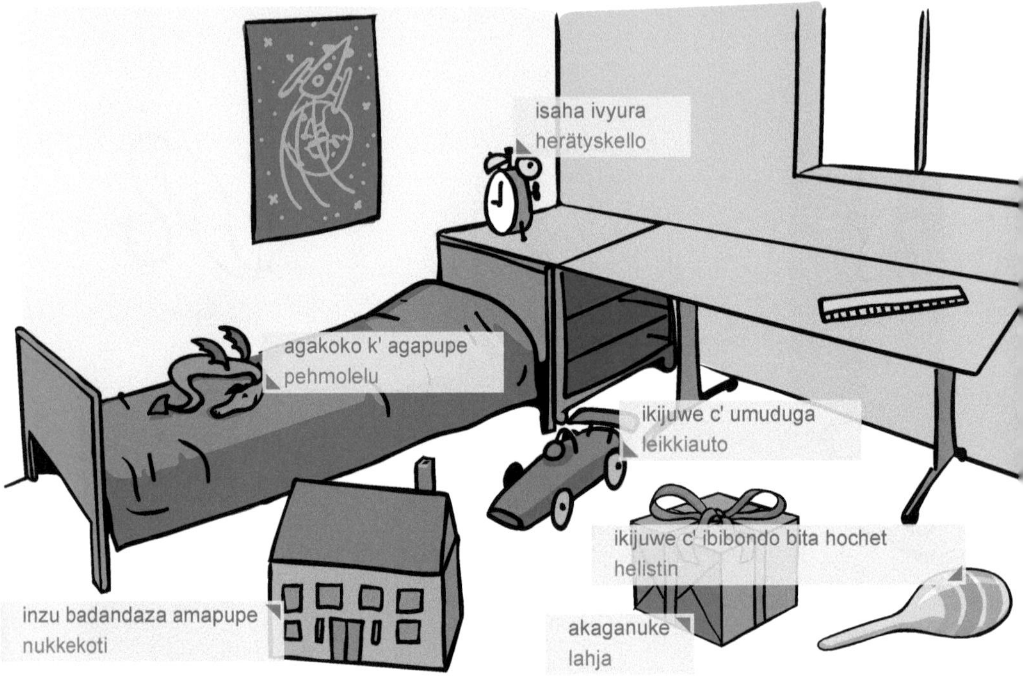

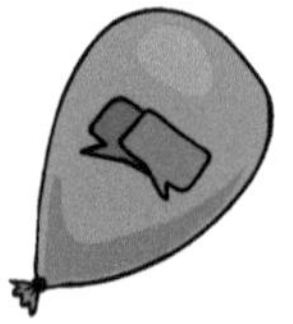

igipurizo
ilmapallo

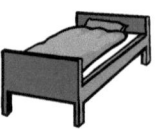

uburiri
sänky

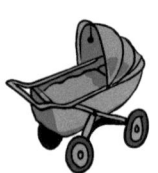

lastenvaunut

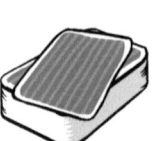

urukino rw' ikarata
korttipeli

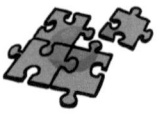

urukino bita puzile
palapeli

SUPER MEGA

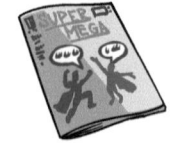

ibitabo vy' amashusho
sarjakuva

urukino bita lego

legopalikat

ibijuwe vyo kubaka

rakennuspalikat

ipupe

supersankari

impuzu yo kurarana y abana

potkupuku

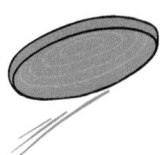

urukino bita frisbi

frisbee

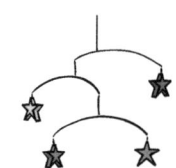

udukinisho two ku buriri bw' ibibondo

mobile

urukino rwo kumeza

lautapeli

agakinisho bita de

noppa

gari ya moshi z' ibikinisho

pienoisjunarata

madanganya

tutti

umunsi mukuru

juhlat

igitabo c' ibicapo

kuvakirja

umupira

pallo

igipupe

nukke

gukina

leikkiä

umusenyi abana
bakiniramwo
hiekkalaatikko

uruvuma
keinu

ikijuwe
lelut

urukino nyabwonko
pelikonsoli

ikinga ry'amapine atatu
kolmipyörä

igikoko bita ours c 'ikijuwe
nalle

akabati k' impuzu
vaatekaappi

impuzu

vaatteet

amashesheti
sukat

amashesheti maremare
nylonsukat

ubwoko bw'impuzu zifata
kandi zigaruka cane
sukkahousut

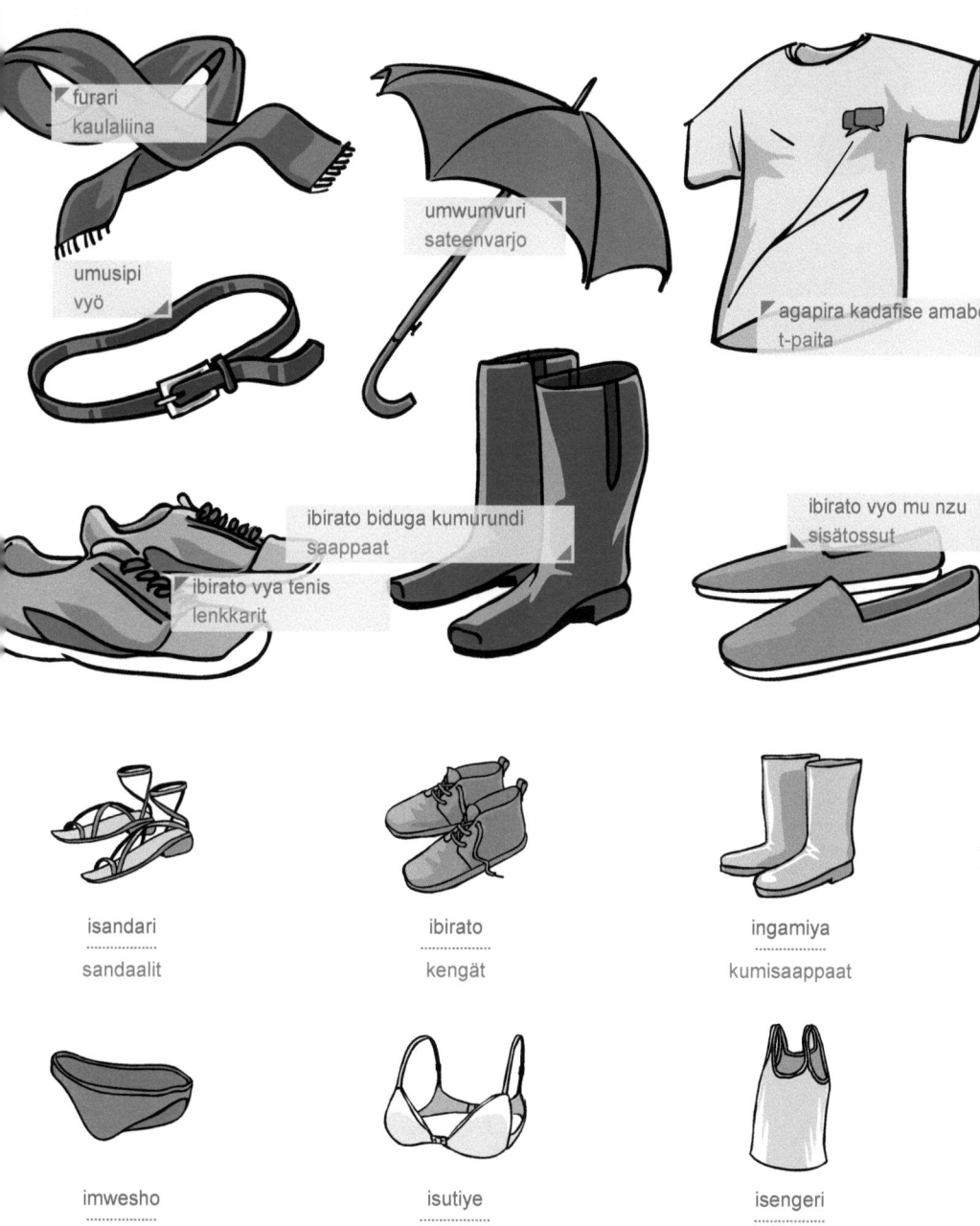

furari
kaulaliina

umwumvuri
sateenvarjo

umusipi
vyö

agapira kadafise amabo
t-paita

ibirato biduga kumurundi
saappaat

ibirato vyo mu nzu
sisätossut

ibirato vya tenis
lenkkarit

isandari
sandaalit

ibirato
kengät

ingamiya
kumisaappaat

imwesho
alushousut

isutiye
rintaliivit

isengeri
aluspaita

impuzu - vaatteet

impuzu z' imbere
....
body

ipantaro
....
housut

ijinisi
....
farkut

ijipo
....
hame

agashati koroshe kabagore
....
pusero

ishati
....
paita

umupira w' imbeho
....
villapaita

umupira w'imbeho ufise inkofero
....
collegepaita

blazeri
....
jakku

ikoti
....
takki

ikoti rirerire
....
takki

ikoti y'imvura
....
sadetakki

kositime
....
puku

ikanzu
....
mekko

ikazu y'umugeni
....
hääpuku

kos111me
kositime

puku

ikanzu yo kurarana

yöpaita

impuzu z' ijoro

pyjama

imvutano z'abahindi

shari

igitambara co mu mutwe

päähuivi

igitambara co mu mutwe
bita turban

turbaani

impuzu z' abasiramukazi

burka

ikanzu bita kaftan

kaftaani

impuzu y' abasiramu

abaya

impuzu yo kogana

uimapuku

impuzu yo kwogana
y'abagabo

uimahousut

imwesho

shortsit

itereningi

verkkarit

itaburiya

esiliina

udufuko tw' intoke

käsineet

igifungo

nappi

amarori

silmälasit

igikomo

rannekoru

akadede

kaulakoru

impeta

sormus

ihereni

korvakoru

inkofero

lippalakki

porutemanto

ripustin

inkofero

hattu

karavate

solmio

imashini

vetoketju

inkofero yo kwikingira

kypärä

imisipi

henkselit

impuzu y' ishure

koulupuku

umwambaro rusangi
w'ahantu

univormu

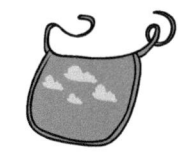

utwo bambika ibibondo iyo birya

ruokalappu

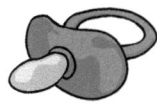

madanganya

tutti

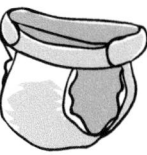

iranje

vaippa

ibiro
toimisto

seriveri
palvelin
akabati k' ivyangombwa
asiakirjakaappi
rukaratasi
aperi
empirimante
tulostin
ekra
näyttö
ameza yo kwandikirako
kirjoituspöytä
suri
hiiri
ico bashiramwo ivyangombwa
kansio
karaviye
näppäimistö
seke bajugunyamo amakaratasi
akori
intebe
tuoli
nyabwonko
tietokone

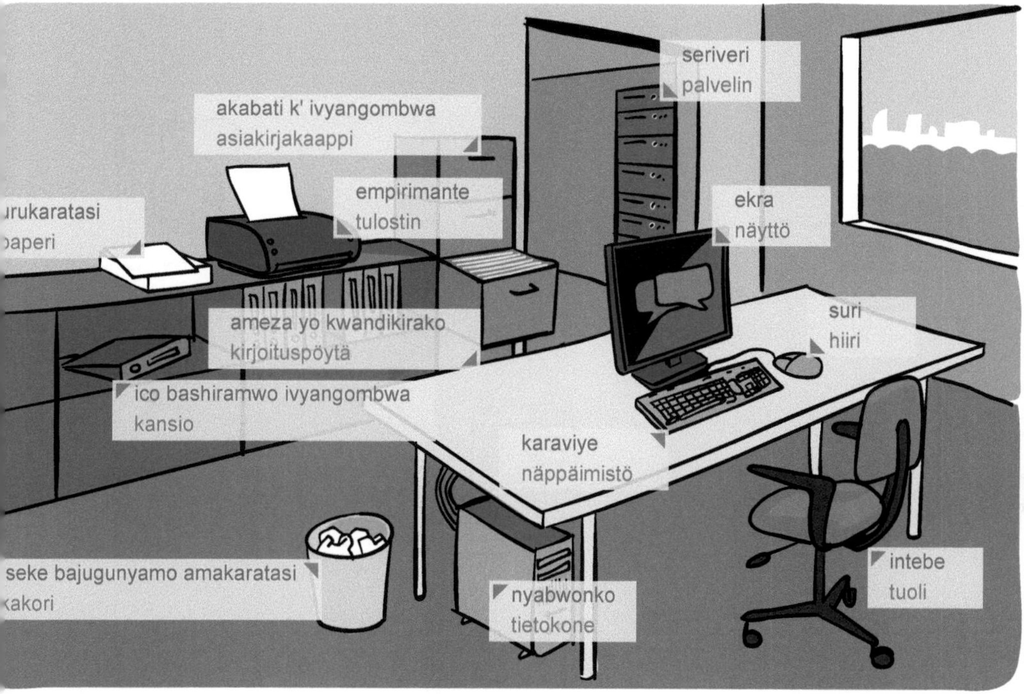

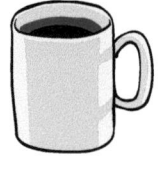

igikombe c' ikawa

kahvimuki

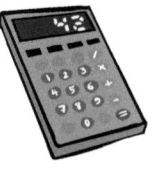

imashini iharura

taskulaskin

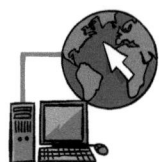

ubuhinga ngurukanabumenyi

internet

inyabwonko ngendanwa

kannettava tietokone

ikete

kirje

ubutumwa

viesti

telefoni ngendanwa

kännykkä

rezo

verkko

fotokopiyeze

kopiokone

rojisiyeri

ohjelmisto

telefoni

puhelin

purize

pistorasia

fagisi

faksi

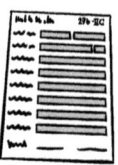

urukaratasi rwo kuzuza

lomake

icangombwa

asiakirja

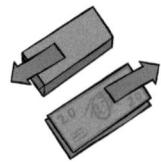

kugura
ostaa

kuriha
maksaa

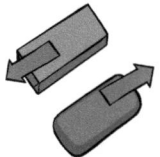

kudandaza
vaihtaa

amahera
raha

USD

idorari
dollari

EUR

iyero
euro

JPY

iyene
jeni

RUB

amahera y' abarusiya
rupla

CHF

amahera y' abasuwisi
frangi

CNY

amahera bita renmimbi
yuan
renminbi juan

INR

amahera bita rupi
rupia

icuma gitanga amahera
pankkiautomaatti

ku bavunjayi

rahanvaihto

inzahabu

kulta

umujumbu

hopea

ipeteroli

öljy

inguvu

energia

ikiguzi

hinta

amasezerano

sopimus

amakori

vero

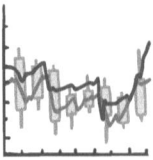

igice

osake

gukora

työskennellä

umukozi

työntekijä

umukoresha

työnantaja

ihinguriro

tehdas

akaduka

liike

imirimo
ammatit

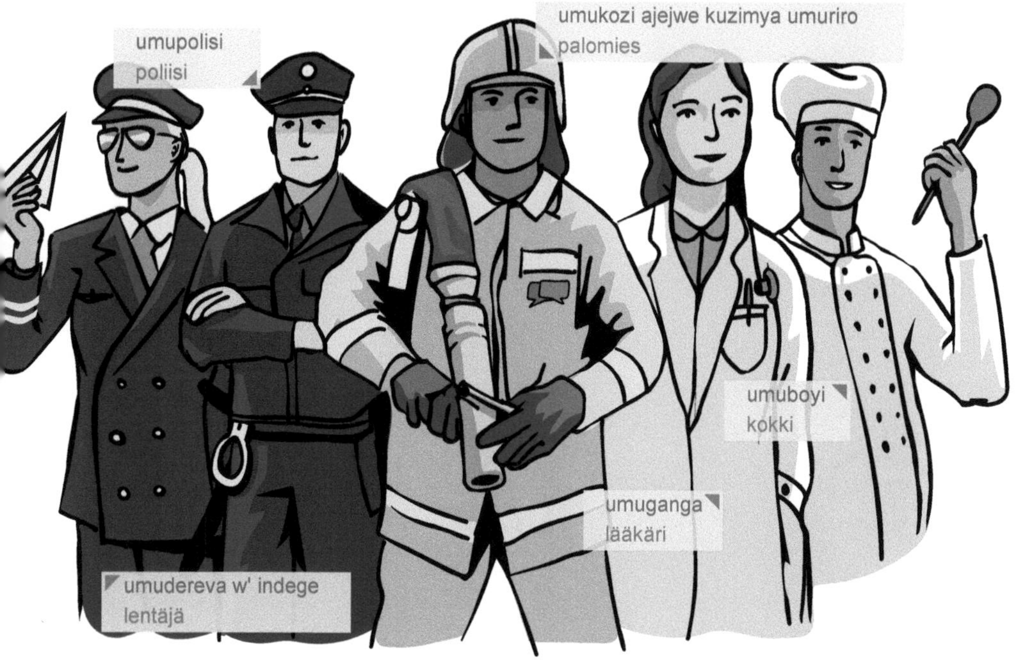

umupolisi
poliisi
umukozi ajejwe kuzimya umuriro
palomies
umuboyi
kokki
umuganga
lääkäri
umudereva w' indege
lentäjä

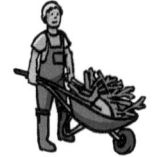

umukozi akora murikarima
puutarhuri

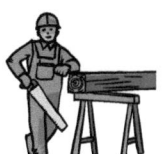

umubaji
puuseppä

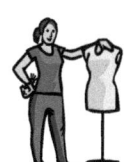

umushonyi
ompelija

umucamanza
tuomari

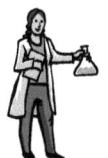

umuhinga mu vya chimie
kemisti

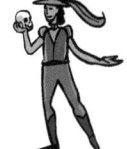

umukinyi w'amareresi
näyttelijä

umudereva w' ibisi

linja-autonkuljettaja

umudereva w' itagisi

taksinkuljettaja

umurovyi

kalastaja

umuzezwanzukazi

siivooja

sharupantiye

katontekijä

umukozi wo muburiro
n'ubunywero

tarjoilija

umuhigi

metsästäjä

umufundi w' amarangi

maalari

umuntu akora imikate

leipuri

umufundi w' amatara

sähköasentaja

umwubatsi

rakentaja

enjeniyeri

insinööri

umuyangayanga

teurastaja

umufundi w' amazi

putkiasentaja

umuparanto

postinjakaja

umusoda
....
sotilas

umuntu acapa inyubako
....
arkkitehti

umuntu yakira amahera
....
kassanhoitaja

mukozi ajejwe amashugwe
....
floristi

kimyozi
....
kampaaja

kontororeri
....
konduktööri

umufundi w' imiduga
....
mekaanikko

umudereva w' ubwato
....
kapteeni

umuganga w' amenyo
....
hammaslääkäri

umuhinga mu vya siyansi
....
tiedemies

umuhinga mu bayahudi bita rabi
....
rabbi

imame
....
imaami

umuvugiramana
....
munkki

umuvugiramana
....
pappi

ibikoresho vy' ubwubatsi

työkalut

inyundo
vasara
ipensi
pihdit
turunevisi
ruuvimeisseli
urufunguruzo
jakoavain
isitimu
taskulamppu

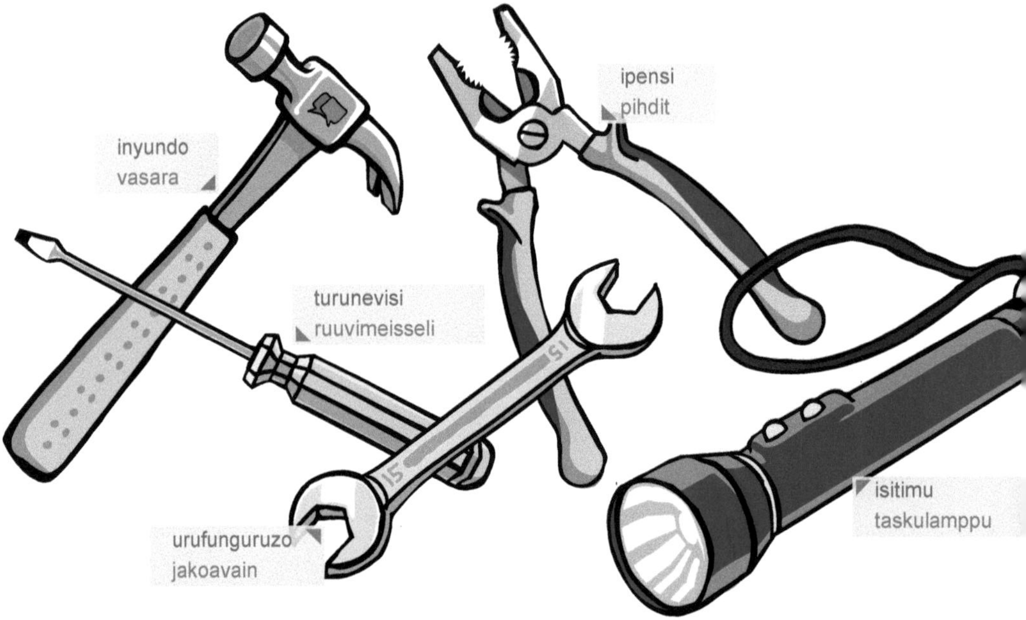

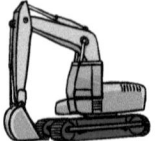

tingatinga

kaivinkone

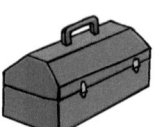

isaho y' ibikoresho

työkalupakki

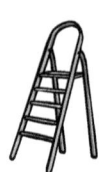

ingazi

tikkaat

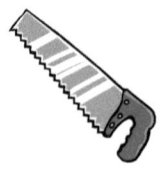

umusumeno

saha

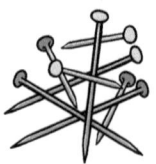

imisumari

naulat

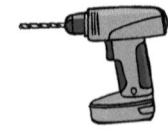

icuma bita foreuse

pora

gukora

korjata

igipawa

lapio

asyi!

Hitto!

agaterura umucafu

rikkalapio

indobo y' irangi

maalipurkki

ivis

ruuvit

ivyuma vyo gucuraranga
soittimet

icuma ca musika bita batterie
rummut

icuma bita Haut parleur
kaiuttimet

icuma ca musika bita contrebasse
kontrabasso

icuma ca musika bita trompette
trumpetti

igitari
kitara

icuma ca musika bita piano

piano

icuma ca musika bita violon

viulu

gitare icuranga Bass

basso

icuma ca musika bita timbale

patarummut

ingoma

rumpu

icuma ca musika bita piano electrique

kosketinsoitin

icuma ca musika bita saxophone

saksofoni

umwirongi

huilu

mikoro

mikrofoni

iratiro ry' ibikoko
eläintarha

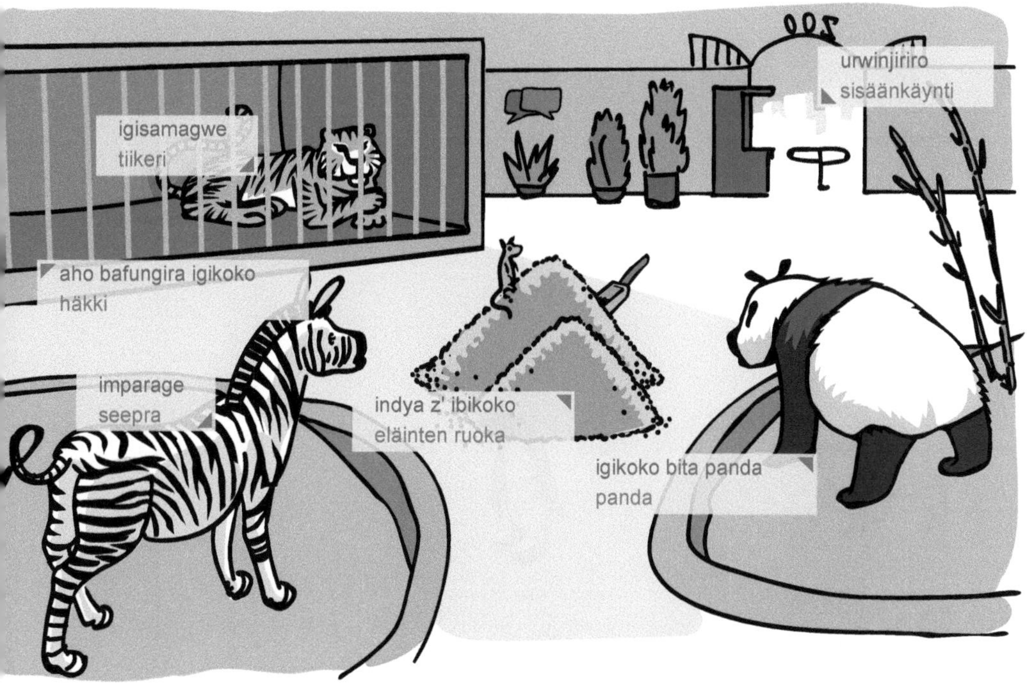

igisamagwe
tiikeri
urwinjiriro
sisäänkäynti
aho bafungira igikoko
häkki
imparage
seepra
indya z' ibikoko
eläinten ruoka
igikoko bita panda
panda

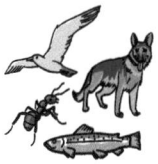

ibikoko

eläimet

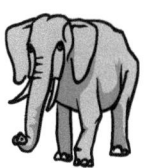

inzovu

norsu

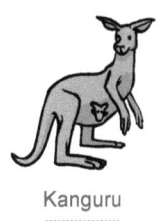

Kanguru

kenguru

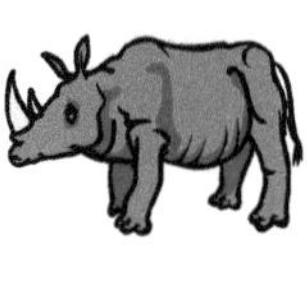

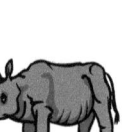

igikoko bita Rhynoceros

sarvikuono

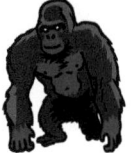

inguge

gorilla

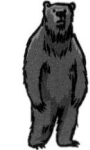

igikoko bita ours

karhu

ingamiya

kameli

inyoni bita autriche

strutsi

intare

leijona

inkende

apina

inyoni bita flamant rose

flamingo

gasuku

papukaija

igikoko bita ours blanc

jääkarhu

inyoni bita pinguin

pingviini

ifi bita requin

hai

inyoni bita paon

riikinkukko

inzoka

käärme

ingona

krokotiili

umurinzi w' iratiro ry' ibikoko

eläintarhanhoitaja

igikoko bita phoque

hylje

igikoko bita jaguar

jaguaari

bwoko bw' ifarasi bita pony
....
poni

ingwe
....
leopardi

imvubu
....
virtahepo

umusumbarembo
....
kirahvi

agaca
....
kotka

ingurube y' ishamba
....
villisika

ifi
....
kala

akanyamasyo
....
kilpikonna

igikoko bita morse
....
mursu

imbwebwe
....
kettu

ingeregere
....
gaselli

urukino rwa football yo muri amerika
amerikkalainen jalkapallo

ugusiganwa ku makinga
pyöräily

urukino rwa tennis
tennis

urukino rwa basketball
koripallo

koga
uinti

urukino rw' ingumu
nyrkkeily

urukino rwa ice-hockey
jääkiekko

umupira w'amaguru
jalkapallo

urukino rwa badminton
sulkapallo

ubunonotsi
yleisurheilu

urukino rwa handball
käsipallo

urukino rwa ski
hiihto

urukino rwa Polo
poolo

gutwenga
nauraa

gusimba
hypätä

kugumbirana
halata

kugenda
kävellä

kuririmba
laulaa

kurota
unelmoida

gusenga
rukoilla

gusoma
suudella

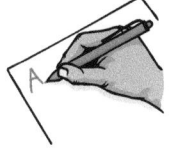

kwandika

kirjoittaa

gucapa

piirtää

kwereka

näyttää

gusuguma

painaa

gutanga

antaa

gutora

ottaa

kugira

omistaa

kugira

tehdä

kuba

olla

guhagarara

seisoa

kwiruka

juosta

gukwega

vetää

guta

heittää

gutemba

kaatua

kurambarara hasi

maata

kurindira

odottaa

gutwara

kantaa

kwicara

istua

kwambara

pukeutua

kuryama

nukkua

kuvyuka

herätä

kuraba

katsoa

kurira

itkeä

kwagaza

silittää

gusokoza

kammata

kuvuga

puhua

gutahura

ymmärtää

kubaza

kysyä

kumviriza

kuunnella

kunywa

juoda

gufungura

syödä

gutondeka

siivota

gukunda

rakastaa

guteka

keittää

gutwara

ajaa

kuguruka

lentää

kugira siporo bita voile

purjehtia

guharura

laskea

gusoma

lukea

kwiga

oppia

gukora

työskennellä

kurongora

mennä naimisiin

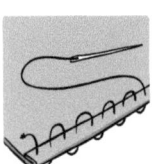

gushona

ommella

kwijigitura

pestä hampaat

kwica

tappaa

kunywa itabi

tupakoida

kurungika

lähettää

nyokuru
mummo

sokuru
ukki

data
isä

mama
äiti

ikobondo
vauva

umukobwa
tytär

umuhungu
poika

umushitsi

vieras

masenge

täti

marume

setä

musaza w' umuntu

veli

mushiki w' umuntu

sisko

umubiri
vartalo

agahanga
otsa
ijisho
silmä
urutugu
olkapää
urutoki
sormet
isura
kasvot
agasakanwa
leuka
ikiganza
käsi
ukuguru
jalka
agatuntu
rinta
ukuboko
käsivarsi

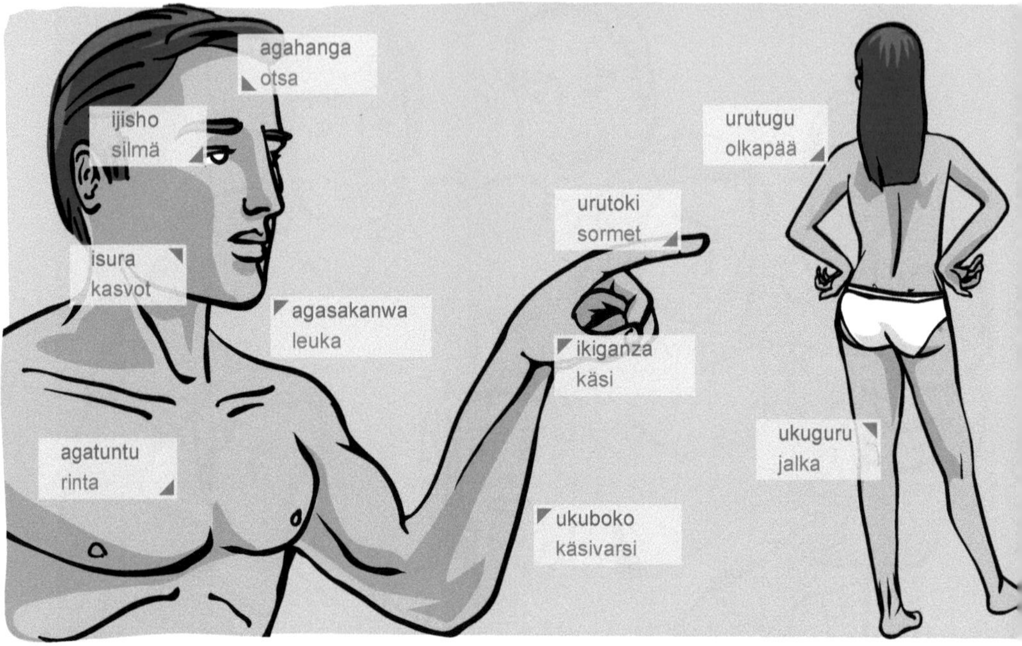

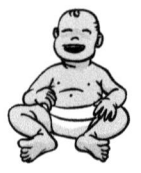

ikobondo

vauva

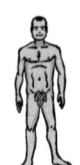

umugabo

mies

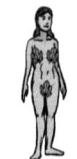

umugore

nainen

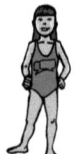

umwigeme

tyttö

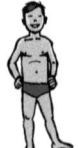

umuhungu

poika

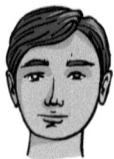

umutwe

pää

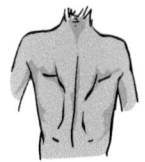

umugongo

selkä

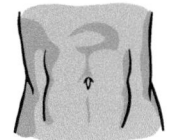

inda

maha

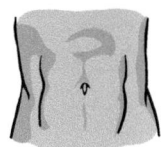

umukondo

napa

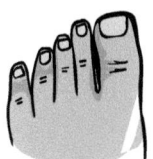

ino

varvas

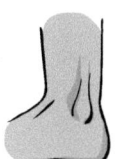

agatsintsiri

kantapää

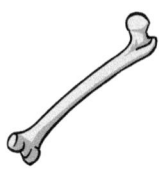

igufa

luu

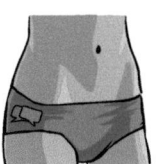

ku mafyigo

lantio

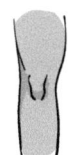

ivi

polvi

inkokora

kyynärpää

izuru

nenä

igisusu

takapuoli

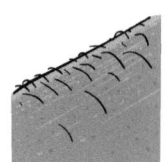

urukoba

iho

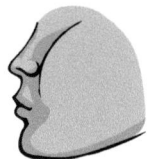

itama

poski

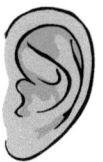

ugutwi

korva

umunwa

huuli

umunwa

suu

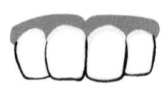

iryinyo

hammas

ururimi

kieli

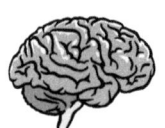

ubwonko

aivot

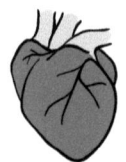

umutima

sydän

umutsi

lihas

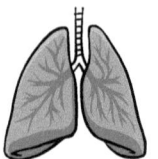

ihaha

keuhkot

igitigu

maksa

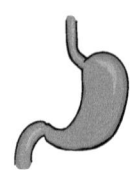

umushishito

vatsa

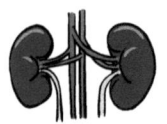

amafyigo

munuaiset

kurangura amabanga
y'abubatse

seksi

agapfuko

kondomi

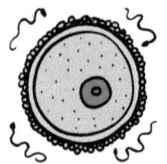

imbuto y' umugore

munasolu

imbuto y'umugabo

sperma

imbanyi

raskaus

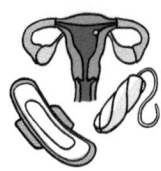

kuja mu kwezi

kuukautiset

igituba

vagina

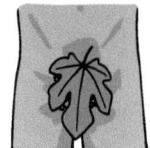

imboro

penis

ingohe

kulmakarvat

umushatsi

hiukset

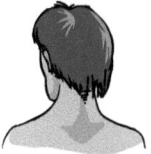

izosi

niska

ibitaro
sairaala

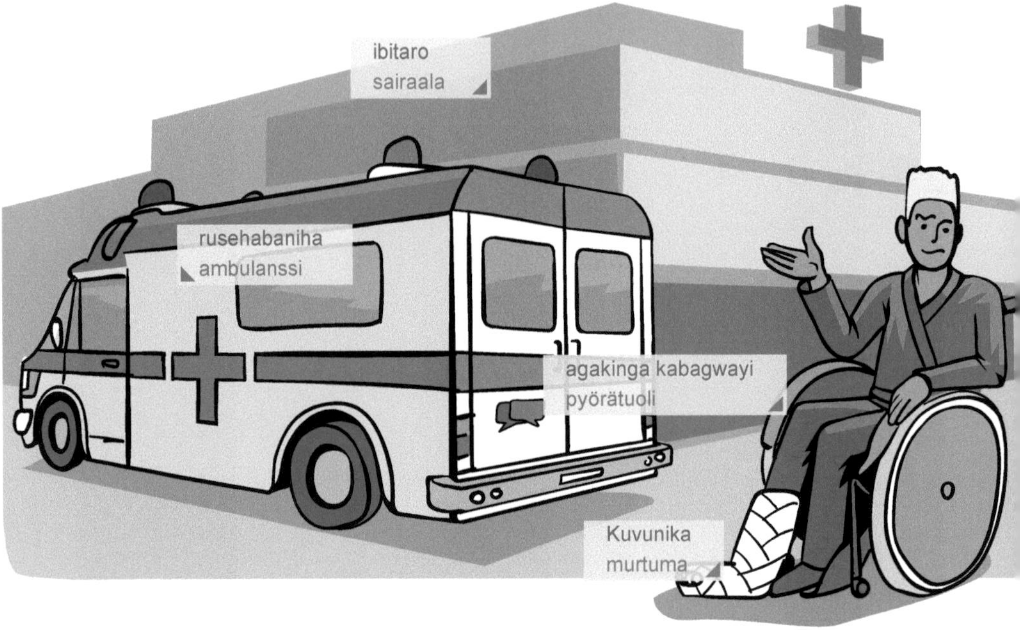

ibitaro
sairaala
rusehabaniha
ambulanssi
agakinga kabagwayi
pyörätuoli
Kuvunika
murtuma

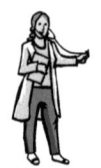

umuganga
lääkäri

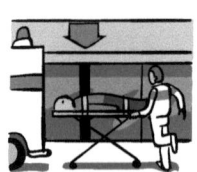

mundembe
ensiapu

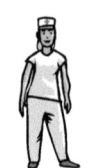

umuforomokazi
sairaanhoitaja

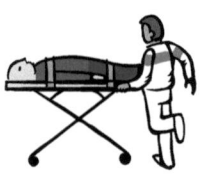

irijanse
hätätilanne

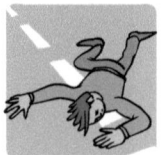

guta ubwenge
tajuton

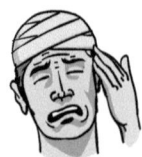

ububabare
kipu

igikomere

vamma

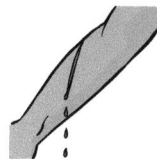

kuva amaraso

verenvuoto

uguhagarara k' umutima

sydänkohtaus

kuvira indani

aivoinfarkti

guhurirwa

allergia

inkorora

yskä

ubushuhe bw'umubiri

kuume

giripe

flunssa

gucibwamwo

ripuli

kumeneka umutwe

päänsärky

Kanseri

syöpä

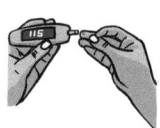

Diyabeti

diabetes

muganga ajejwe kubaga

kirurgi

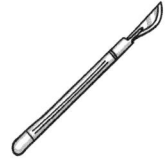

akuma ka muganga ubaga

veitsi

kubagwa

leikkaus

sikaneri

ct

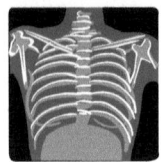

radiyografi

röntgen

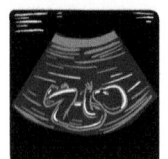

ekografi

ultraääni

masike

maski

indwara

sairaus

aho kurindirira

odotushuone

icishimikizo

sauva

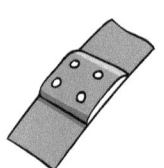

gufuka igikomere

laastari

gufuka igikomere

side

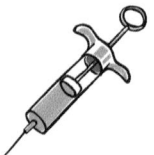

gutera urushinge

pistos

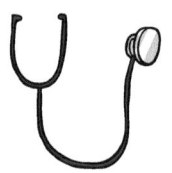

icuma cumviriza amahaha
n'umutima

stetoskooppi

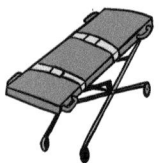

ingovyi

paarit

igipima umuriro w' umubiri

kuumemittari

kuvuka

syntymä

umuvyibuho urengeje

ylipaino

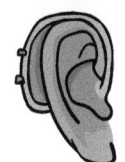

igifasha umuntu kumva
neza
....
kuulolaite

imiti y' ibikomere
....
desinfiointiaine

kwandura
....
infektio

umugera
....
virus

umugera wa sida
....
HIV / AIDS

ubuvuzi
....
lääke

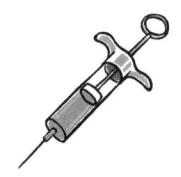

guhabwa urucanco
....
rokotus

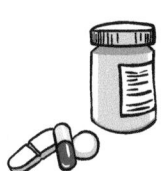

ibinini
....
tabletit

ikinini mbonezamvyaro
....
pilleri

telefone itabaza
....
hätäpuhelu

igipima umuvuduko w'
amaraso
....
verenpainemittari

arwaye / akomeye
....
sairas / terve

muntabare!

Apua!

ikengere

hälytys

igitero

ryöstö

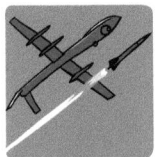

igitero

hyökkäys

ibihe bikomeye

vaara

icanzo

hätäuloskäynti

umuriro!

Tulipalo!

ikizimyamwoto

palosammutin

isanganya

onnettomuus

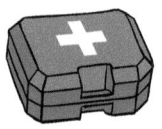

isanduku y' ubutabazi

ensiapulaukku

ubutabazi

SOS

igipolisi

poliisilaitos

Buraya

Eurooppa

Uburaruko bw' amerika

Pohjois-Amerikka

Ubumanuko bw' amerika

Etelä-Amerikka

Afurika

Afrikka

Aziya

Aasia

Ositarariya

Australia

ibahari y' Antalantika

Atlantin valtameri

ibahari ya Pasifika

Tyynimeri

ibahari y' Ubuhinde

Intian valtameri

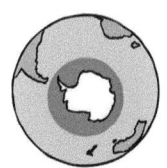

ibahari y' Antaragitika

Eteläinen jäämeri

ibahari y' Aragitika

Pohjoinen jäämeri

Uburaruko bw' umubumbe
w' isi

pohjoisnapa

Ubumanuko bw' umubumbe
w' isi
....
etelänapa

antaragitika
....
Antarktis

isi
....
maa

isi
....
maa

ibahari
....
meri

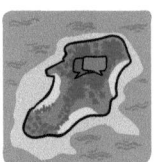

izinga
....
saari

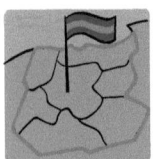

igihugu
....
kansa

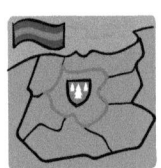

reta
....
osavaltio

aho barabira isaha

kellotaulu

urushinge rw' amasaha

tuntiviisari

urushinge rw' iminota

minuuttiviisari

urushinge rw' amasegonda

sekuntiviisari

ni gihe ki?

Paljonko kello on?

umunsi

päivä

igihe

aika

ubu nyene

nyt

isaha ya electronique

digitaalikello

umunota

minuutti

isaha

tunti

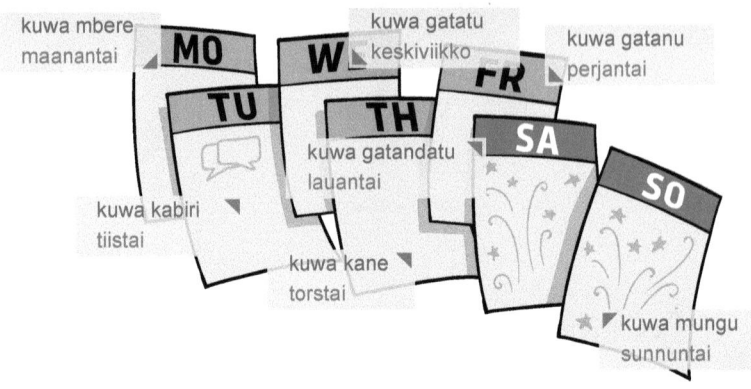

kuwa mbere
maanantai

kuwa gatatu
keskiviikko

kuwa gatanu
perjantai

kuwa gatandatu
lauantai

kuwa kabiri
tiistai

kuwa kane
torstai

kuwa mungu
sunnuntai

ejo haheze

eilen

ubunyene

tänään

ejo hazoza

huomenna

mu gatondo

aamu

sasita

keskipäivä

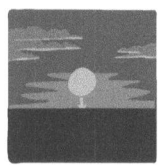

ku mugoroba

ilta

iminsi y' ibikorwa

työpäivät

weekende

viikonloppu

umwaka
vuosi

imvura
sade
umunywamazi
sateenkaari
urubura
lumi
umuyaga
tuuli
igihe c' umwaka bita printemps
kevät
igihe c' umwaka bita Automne
syksy
ici
kesä
igihe c' umwaka bita hiver
talvi

4.APRIL 11°
5.APRIL 4°
6.APRIL 13°
7.APRIL 8°
8.APRIL 10°

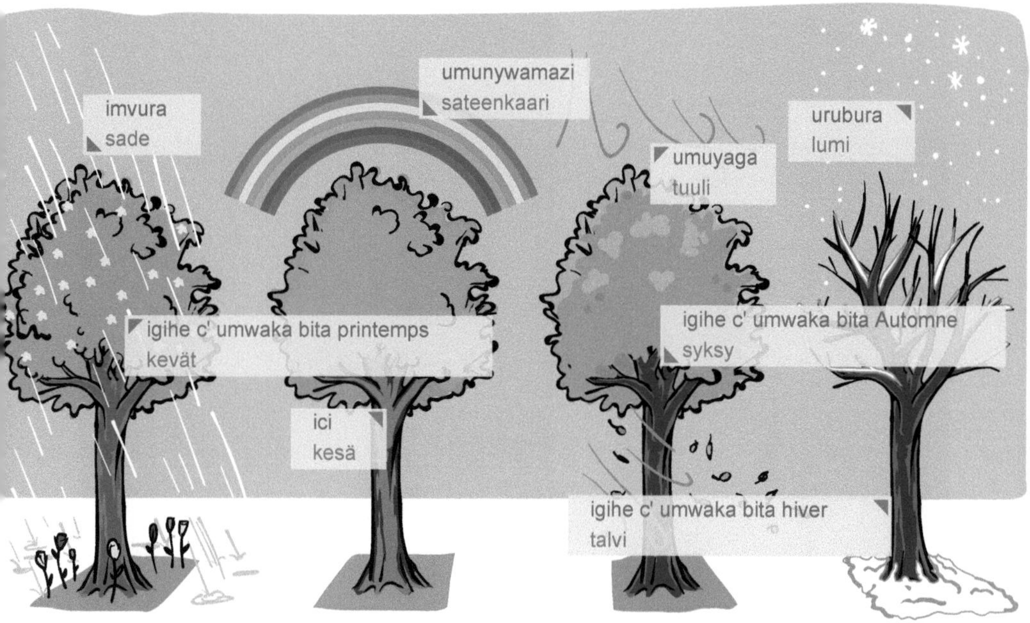

ikirangabihe

sääennuste

F C

igipima ubushuhe bw' umubiri

lämpömittari

ubuseruko bw' izuba

auringonpaiste

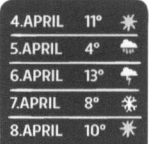

igicu

pilvi

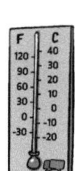

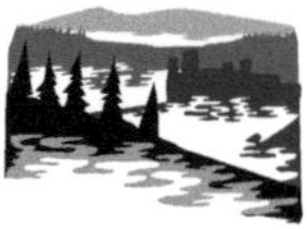

igipfungu

sumu

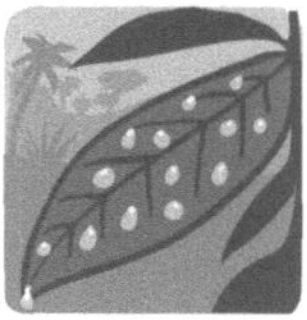

ifira

ilmankosteus

umuravyo

salama

inkuba

ukkonen

igihuhusi

myrsky

urubura

rae

igihuhusi bita mousson

monsuuni

umwuzure

tulva

ibarafu

jää

nzero

tammikuu

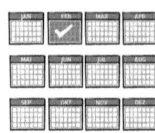

ruhuhuma

helmikuu

ntwarante

maaliskuu

ndamukiza

huhtikuu

rusama

toukokuu

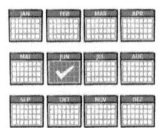

ruhenshi

kesäkuu

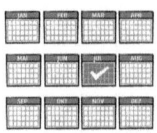

mukakaro

heinäkuu

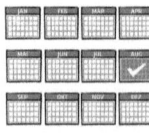

myandagaro

elokuu

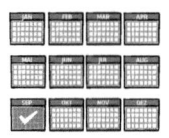

nyakanga

syyskuu

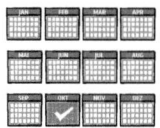

gitugutu

lokakuu

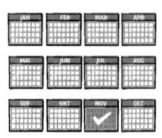

munyonyo

marraskuu

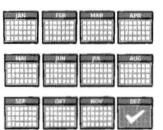

migarama

joulukuu

forume geometrike
muodot

umuzingi

ympyrä

ikwadarato

neliö

urikiramende

suorakulmio

inyabutatu

kolmio

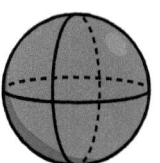

umubumbe

pallo

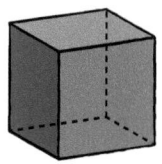

agasandugu

kuutio

ibara ryera

valkoinen

ibara ry' umuhondo

keltainen

ibara risa n' umucungwe

oranssi

ibara rya rose

vaaleanpunainen

ibara ritukura

punainen

ibara rya mauve

violetti

ibara ry' ubururu

sininen

ibara ry'icatsi kibisi

vihreä

ibara ry' igihogo

ruskea

ibara rya gris

harmaa

ibara ryirabura

musta

vyinshi / bikeyi

paljon / vähän

washavuye / utekereje

vihainen / ystävällinen

mwiza / mubi

kaunis / ruma

intanguriro / iherezo

alku / loppu

kinini / gitoyi

suuri / pieni

gikeye / cijimye

vaalea / tumma

husaza w' umuntu / mushiki w' umuntu

veli / sisko

gisukuye / gicafuye

puhdas / likainen

gikwiye / gicagatiye

täydellinen / epätäydellinen

umunsi / ijoro

päivä / yö

wapfuye / ariho

kuollut / elävä

cagutse / caga

leveä / kapea

kiryoshe / kibishe

syötävä / syömäkelvoton

umutima mubi / umutima mwiza

paha / kiltti

anezerewe / arambiwe

innostunut / tylsistynyt

kivyibushe / conze

lihava / laiha

cambere / canyuma

ensimmäinen / viimeinen

umugenzi / umwansi

ystävä / vihollinen

cuzuye / kiri gusa

täysi / tyhjä

kigumye / coroshe

kova / pehmeä

kiremereye / gihwahutse

painava / kevyt

inzara / inyota

nälkä / jano

arwaye / akomeye

sairas / terve

cemewe n'amategeko / kitemewe n'amategeko

laiton / laillinen

incabwenge / ikijuju

älykäs / tyhmä

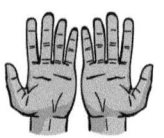

ibubamfu / iburyo

vasen / oikea

hafi / kure

lähellä / kaukana

gishasha / gishaje

uusi / käytetty

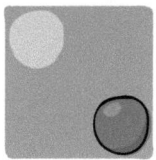

ntaco / kiriho

ei mitään / jotain

umutama / urwaruka

vanha / nuori

kwatsa / kuzimya

päällä / pois päältä

kugurura / kugara

auki / kiinni

gitekereje / gifise urwamo

hiljainen / äänekäs

umutunzi / umukene

rikas / köyhä

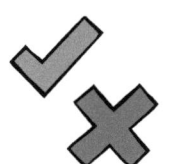

nivyo / sivyo

oikein / väärin

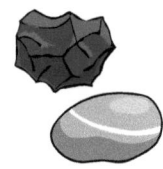

kigoramye / kigororotse

karhea / sileä

ashavuye / anezerewe

surullinen / iloinen

kigufi / kirekire

lyhyt / pitkä

kigenda bukebuke / kinyaruka

hidas / nopea

gitose / cumye

märkä / kuiva

gishushe buhoro / gikanye buhoro

lämmin / viileä

intambara / amahoro

sota / rauha

0

ubusa

nolla

1

rimwe

yksi

2

kabiri

kaksi

3

gatatu

kolme

4

kane

neljä

5

gatanu

viisi

6

gatandatu

kuusi

7

indwi

seitsemän

8

umunani

kahdeksan

9

icenda

yhdeksän

10

cumi

kymmenen

11

cumi na rimwe

yksitoista

12

cumi na kabiri

kaksitoista

13

cumi na gatatu

kolmetoista

14

cumi na kane

neljätoista

15

cumi na gatanu

viisitoista

16

cumi na gatandatu

kuusitoista

17

cumi n' indwi

seitsemäntoista

18

cumi n' umunani

kahdeksantoista

19

cumi n' icenda

yhdeksäntoista

20

mirongo ibiri

kaksikymmentä

100

ijana

sata

1.000

igihumbi

tuhat

1.000.000

umuriyoni

miljoona

Icongereza

englanti

Icongereza co muri Amerika

amerikanenglanti

Mandare kivugwa mu bushinwa

mandariinikiina

Igihinde

hindi

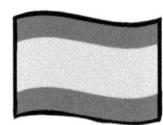

Ikispaniya

espanja

Igifaransa

ranska

Icarabu

arabia

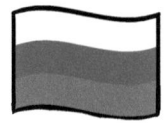

Ikirusiya

venäjä

Igiporitigare

portugali

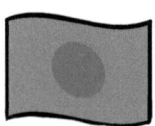

Ikibengare

bengali

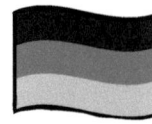

Ikidage

saksa

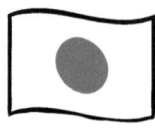

Ikiyapani

japani

jewe
minä

wewe
sinä

we / we / co
hän

twebwe
me

mwebwe
te

bo
he

inde?
kuka?

iki?
mitä / mikä?

gute?
miten?

hehe?
missä?

ryari?
milloin?

izina
nimi

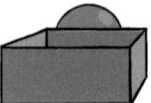

inyuma ya
....
takana

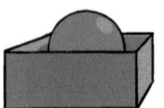

indani ya
....
sisällä

imbere ya
....
edessä

hejuru ya
....
yläpuolella

ku
....
päällä

munsi ya
....
alapuolella

mu mbavu ya
....
vieressä

hagati ya
....
välissä

ikibanza
....
paikka